Von Projekten lernen. Wie "Personal Kanban" beim individuellen Selbstmanagement helfen kann

Peter John

Bibliografische Information der Deutschen Nationalbibliothek:

Die Deutsche Nationalbibliothek verzeichnet diese Publikation in der Deutschen Nationalbibliografie; detaillierte bibliografische Daten sind im Internet über http://dnb.d-nb.de abrufbar.

ISBN: 9783346335111
Dieses Buch ist auch als E-Book erhältlich.

© GRIN Publishing GmbH
Nymphenburger Straße 86
80636 München

Druck und Bindung: Books on Demand GmbH, Norderstedt Germany
Gedruckt auf säurefreiem Papier aus verantwortungsvollen Quellen

Das vorliegende Werk wurde sorgfältig erarbeitet. Dennoch übernehmen Autoren und Verlag für die Richtigkeit von Angaben, Hinweisen, Links und Ratschlägen sowie eventuelle Druckfehler keine Haftung.

Das Buch bei GRIN: https://www.hausarbeiten.de/document/978226

FOM Hochschule für Ökonomie & Management Essen

Standort: Hamburg

Berufsbegleitender Studiengang zum

Bachelor of Arts (B.A.) Business Administration

7. Semester

Projektmanagement & IT-Grundlage

Scientific Essay

Von Projekten lernen - wie "Personal Kanban" beim individuellen Selbstmanagement helfen kann

Autor: Peter John

Abgabedatum: 16.11.2020

Inhaltsverzeichnis

Abkürzungsverzeichnis

USA ……………………………………. United States of America

WIP …………………………………………. Work in Progress

Von Projekten lernen - wie "Personal Kanban" beim individuellen Selbstmanagement helfen kann

Einleitung

In den 50er wurde das Kanban-System in den Werken von Toyota Automobile entwickelt. Als Produktionssystem, dient es auch noch heute für die Optimierung bei Planung und Steuerung der Materialen und Produktion. Ins deutsche lässt sich Kanban am besten mit den Worten „Karte „oder „Schild" übersetzt. [1]

Ein wesentliches Prinzip von Kanban ist dabei die klare Klärung von Plätzen, Abläufen und das Engagement eines jeden Mitarbeiters. Kanban ist nicht nur eine Methode für Produktionsstätte. Es findet auch immer mehr Verwendung in agilen Projektmanagement und Softwareentwicklung. [2]

Durch das Erarbeiten von Vor- und Nachteilen von Kanban und der Betrachtung des Personal Kanban, soll der Wert des Kanban im Selbstmanagement hervorgehoben werden. Doch um das Thema erst einmal zu erklären, soll die Herkunft von Kanban thematisiert werden und durch weitere Einsätze in anderen Branchen, wie der Softwareentwicklung veranschaulicht werden.

Daraufhin soll gezeigt werden, wie das „Personal Kanban", beim individuellen Selbstmanagement hilfreich sein kann. Durch das Aufzeigen von Vor- und Nachteilen soll einmal

---

[1] Vgl. Tode/Chami (2009) S. 1
[2] Vgl. Dickmann (2009), S. 227

1

die Methodik in ihrem Ursprung bewertet werden. Im Fazit soll dann eine Bewertung des „Personal Kanban" gegeben werden.

Kanban wurde 1940 von Taiichi Ohno, ein Industrieingenieur und Geschäftsmann, für Toyota Automobile entwickelt. Das Ziel des einfachen Planungssystems war die Arbeit und Lagerbestände in jedem Prozessschritt optimal zu kontrollieren und zu managen. Die Motivation hinter Kanban war die damalige Stärke der Rivalen aus den USA. Denen unterlag Toyota in Produktivität und Effizienz. Durch die Einführung von Kanban war Toyota in der Lage ein flexibles und effizientes „just-in-time" Produktionskontrollsystem zu nutzen, welches eine Erhöhung der Produktion ermöglichte und zugleich kostenintensive Lagerkosten zu reduzieren.

Ein Kanban-System hilft dabei, Lieferunterbrechungen und eine Überbevorratung von Waren in verschiedenen Phasen des Herstellungsprozesses zu vermeiden. Kanban erfordert dafür aber eine kontinuierliche Überwachung des Prozesses. Eine hohe Priorität muss der Vermeidung von Engpässen geschenkt werden, da diese den Produktionsprozess verlangsamen könnten. Ziel ist es, einen höheren Durchsatz bei geringeren Lieferzeiten zu erreichen.[3] Im Laufe der Zeit hat Kanban durch seine Flexibilität nicht nur in weitere Produktionssysteme als eine effiziente Methode bewahrheitet, sondern darüber hinaus auch in andern Branchen, wie Softwareentwicklung und in allgemeinen agilen Projektmanagementbereichen. Bevor die Anwendung von Kanban in den Bereichen Softwareentwicklung und agilen Projektmanagement

---

[3] Vgl. Tode/Chami (2009) S. 1

erläutert werden, soll einmal aufgezeigt werden, wie Kanban eigentlich funktioniert.

Allgemeine Funktionsweise

In Kanban Methode/Steuerung sollen einzelne Produktionseinheiten durch vernetzte Auftragsregelkreise effektiv miteinander verbunden werden.[4] Dabei spielt die Kommunikation der einzelnen Stelle eine wichtige Rolle. Diese werden durch dezentralen weitergeleiteten Kanban-Karten miteinander ausgetauscht. Die Kanban-Karten dienen hierbei als Steuerungsobjekte und dienen als physische Informationsträger. Darauf werden alle relevanten Informationen, wie die Materialen in ihren quantitativen und qualitativen Werten in einer Box, festgehalten.[5]

Hierbei wird zwischen Produktionskanban-Karten und Transportkanban-Karten unterschieden. Die Produktionskanban-Karten dienen dazu in der fertigenden Stelle Reproduktionsaufträge auszulösen. Die Transportkanban-Karten wiederum dienen dazu Materialen im Lager und in den weiterverarbeitenden Stellen zu identifizieren.[6]

Die elektronische Datenübertragung kann physische Kanban-Karten ersetzen, indem dieselben Zeichen und Buchstaben wie bei Kanban-Karten beibehalten werden. Bei den zu übertragenden Informationen geht es darum, das Objekt zum Informationsaustausch (Bestellung) und das Materialobjekt

---

[4] Vgl. Lackes (2004), S. 2777.
5 vgl. Jung (2006), S. 524.
6 vgl. Hering/Kummer (2003), S. 37.

3

(Materialbestand im Behälter) miteinander zu verbinden. Die Fertigungsabteilung stützt sich auf die Bestellungen ihrer nachfolgenden Abteilungen, denn wenn solche Bestellungen nicht vorliegen, ist die Produktion verboten. Nur die letzte Produktionsstufe erhält Aufträge von einer zentralen Stelle außerhalb des Kanban-Systems.

Um den Zusammenbruch des Produktionssystems zu vermeiden, muss im Kanban-System immer eine schnelle Materialversorgung gewährleistet sein. Ein wichtiger Bestandteil des Kanban-Steuerungssystems ist der physische Behälter oder das Etikett auf dem Behälter. Wenn der Behälter die erforderlichen Materialien verbraucht hat, wird er an die Versorgungsquelle zurückgegeben. Dort wird der Behälter mit den benötigten Materialien gefüllt. Nach dem Befüllen erhält der Verbraucher oder Kunde das Material. Diese, vom Bedarf orientierte, Steuerung wird von der Nachfrage des entsprechenden Kunden angestoßen. Daher ist der dafür verwendete englische Begriff des Pull-Prinzips (Hol-Prinzip bezeichnend für diesen Vorgang.[7]

Da das Kanban-System auch dazu gedacht ist Unterbrechungen in einem Fertigungsprozess zu unterbinden, ist die zügige Bereitstellung von Materialen von wichtiger Bedeutung. Dabei spielen Behälter oder ein Labels, die sich auf dem Behälter befinden, eine wichtige Rolle im Kaban-Steuerungssystem.[8]

Wird benötigte Material verbraucht, wird der Behälter zur Nachschubquelle zurückgeschickt, um dort wieder erneut mit dem benötigten Material befüllt zu werden. Durch den die entstehende Regelkreise wird der Materialfluss so durch das System rückwärts geleitet. Der Nachschub wird

[7]Vgl. Lackes (2004), S. 2778.
[8] Vgl. Tode/Chami (2009) S. 3

demnach vom Kunden angestoßen, woraus sich der englische Begriff des Pull-Prinzips (Hol-Prinzip), einer bedarfsorientierten Steuerung, ableitet.[9] Hierbei soll einmal der Prozess des Karten Prozess anhand von Produktions- und Transportkanbans erklärt werden. Die Produktionsstelle beliefert eine weiterverarbeitende Stelle mit Materialien. Wenn die verbrauchende Stelle die Materialien aus dem Behälter nimmt, wird die Transportkanban-Karte, welche am Behälter ist, an ein Kanban-Board gehängt für eine übersichtliche Sicht und Aufbewahrung. Am Kanban-Board werden die Transportkanban-Karten zusammen aufbewahrt und erst mit den zugehörigen geleerten Behältern wieder ins Lager zurückgeschickt. Die Transportkanban-Karte enthält weitere Informationen über das Material; also welches Lager zu nutzen ist und verständlicherweise auch welches Material vom Lager gebraucht wird. Im Lager selbst wird die Transportkanban-Karte durch eine Produktionskanban-Karte ausgetauscht.[10] Der befüllte Behälter wird an die Stelle weitertransportiert, an welcher das Material verbrauchten werden soll. Gleichzeitig wird die im Lager abgelöste Produktionskanban-Karte mit den geleerten Behältern zur nächsten Stelle befördert, wo diese zunächst an ein Kanban-Board gesammelt wird. In dem Lager stößt diese Produktionskanban-Karte, bei Bedarf, wieder eine neue Produktion der Behälterfüllmenge an. Nach der Befüllung des Behälters und eine neue Produktionskanban-Karte, geht dieser wieder ins Lager. Hierdurch entstehen Regelkreise. In diesem Fall eins (je mehr Stellen, wie Vorproduktion oder Weiterverarbeitungsproduktion, umso mehr

---

[9]Vgl. Dickmann (2009), S. 12
[10] Vgl. Tode/Chami (2009) S. 3 f.

Regelkreise). Zwischen der verarbeitenden Stelle und des Lagers und ein weiterer [11]

Einsatz der Kanban Methode in anderen Branchen

In den Fertigungsbranchen, wie Automobile ist die Kanban-Methode schon lange im Einsatz. In der Branche der Software-Entwicklung oder in anderen Projektmanagement Bereichen lässt sich das Prinzip Kanban aber nicht eins zu eins umsetzen, da hierbei keine Fließbandarbeit stattfindet. Hierbei finden Prozesse statt, bei denen nicht einfach schnell ein Ersatzteil bestellt werden kann. In der Software-Branche herrscht beispielsweise ein hohes Maß an Variabilität. Die Kanban-Methode kann dennoch mit einigen Prinzipien in der Software-Branche und dem Projektmanagement zu besseren Ergebnissen führen. Kanban funktioniert in der Software-Branche im Kern durch vier Prinzipien, Visualisierung des Ist-Zustandes, Limitierung der Arbeit auf kapazitätsfähiges Niveau, Einführung des Pull-Systems und die Arbeit systemisch angehen.[12]

Hierbei kommt das Kanban-Board für die Visualisierung der Arbeitsschritte für alle Teammitglieder ins Spiel. Dabei werden die Aufgaben meist Post-it´s geschrieben und den genauen Prozessschritten zugeordnet von links nach rechts aufgeklebt. Dabei ist es entscheidend, dass das Board den Workflow widerspiegelt und nicht den gewünschten Zustand. Es stellt sich heraus, dass es nützlich ist, die Anzahl der Tickets pro Verarbeitungsschritt zu begrenzen, damit erkennbar ist, an welcher Stelle sich Arbeit stauen kann (Engpässe). Die Anzahl der gestarteten Aufgaben

---

[11] Vgl. Lackes (2004), S. 2778 f.

[12] https://www.projektmagazin.de/artikel/software-kanban-eine-einfuehrung_996703

wird als WIP (work in progress) bezeichnet. Sollten sich hierbei drei WIPs ähnlich sein, sollten man die Aufgaben in diesem Schritt auch bei der Anzahl der WIPs belassen.[13]

Das Pull-System kann auch in der Software-Branche hilfreich sein. Wobei es hier eine andere Bedeutung hat. Hierbei, beschreibt es, dass Aufgaben von Teammitgliedern selbst geholt werden, sobald bei ihnen die Kapazität es zulässt. Dabei ziehen sich die Teammitglieder selbständig die entsprechenden Aufgaben vom Kanban-Board. Dadurch übernimmt jedes Mitglied nur die Aufgaben, die der eigenen Kapazität entspricht.[14] Entscheidend dabei ist, dass die Führungskraft ausreichend Zeit für die Teammitglieder bereitstellen. Systematisch vorgehen bedeutet dabei, keine höhere Auslastung zu schaffen, sondern die Fertigstellung vieler Aufgaben zu schaffen. Diese sollten den Bedürfnissen der Kunden entsprechen. Dabei ist in der Software-Branche darauf zu achten, dass der Gesamtüberblick nicht verloren geht. Und das Probleme aus anderen Teams auch an die anderen weitergeleitet werden.[15]

Die Anforderungen der Branchen der Software-Entwicklung oder des Projektmanagement sind in diesen vier Prinzipen recht gleich. Entscheidend für beide Branchen ist, dass das Management auch hinter diesem Prinzip steht. In jeder Branche und jedes Team herrschen andere Vorrausetzungen, allerdings werden bei beiden klare Regeln, wie der Prozess abzulaufen hat benötigt. Und bei beiden Branchen sollte ein kontinuierlicher Verbesserungsprozess miteingeschaltet sein. Somit wird

[13] https://www.projektmagazin.de/artikel/software-kanban-eine-einfuehrung_996703
[14] https://www.ao-itc.de/kanban-in-it-projekten
[15] https://www.projektmagazin.de/artikel/software-kanban-eine-einfuehrung_996703

der eigene Prozess selbst analysiert und gegebenenfalls optimiert. [16]

Das Personal Kanban

Kanban hat sich seit der Einführung in andere Branchen, in denen Teams arbeiten, auch für jede als hilfreich erwiesen, die allein arbeiten. Dabei ist die Methode auch auf das private Leben übertragbar. Also da, wo Selbstmanagement für eine Person wichtig ist.

Einfach gesprochen, ist das Personal Kanban, die bildliche Darstellung der eigenen Arbeit. Der Vorsatz, nicht zu viel auf einmal zu machen, sowie in dem Original Kanban, auch Software Kanban und Projektmanagement Kanban ist es wichtig die anstehenden Aufgaben durch eine Visualisierung, wie einer Heftnotiz, greifbare zu machen.[17]

Visualisierung und Limitierung der anstehenden Arbeit ist somit auch beim Personal Kanban die meiden Leitmotive.

Durch die Visualisierung der eigenen Arbeit wird ermöglicht die anstehende Arbeit, die bereits abgeschlossene und die aktuelle Arbeit zu sehen. Dafür dient eine vereinfachte Nutzung des Kanban Board als bestes Mittel. Damit kann eine schnellere Entscheidung darüber getroffen werden, welche Aufgaben wann Priorität erhalten sollen. Gleichzeitig kann durch die Nutzung des Kanban Board schnell erkannt werden, ob der aktuelle Kapazitätsgrad überlastet ist oder Platz für mehr ist.[18] Hierbei hilft es, sowie in der Nutzung Kanban in der Produktion eigene „Work in Progress" (WiP) Limits aufzustellen, also ein Limit dafür zusetzen, wie viele

---

[16] https://www.projectwizards.net/de/blog/2018/03/kanban
[17] Vgl. Besnon/Barry (2012)
[18] https://kanbanzone.com/resources/kanban/personal-kanban/

Aufgaben auf einmal auf dem Board stehen sollen. Das hilft, um die eigene Produktivität auf einem stabilen Level zu halten, ohne sich selbst zu überlasten.

Je nach Spezifizierung der persönlich anstehend Aufgaben, sollten genügend Spalten für alle Phasen der eigenen Arbeit berücksichtigt werden. Es empfiehlt sich hierbei die viel verwendete „To Do" Spalte auch als eine Art Backlog zu nutzen, um Aufgaben, die irgendwann anstehen, vage formuliert sind dort zu hinterlegen. Eine weitere Spalte die sich dabei empfiehlt, ist die Ready Spalte, hier werden alle Aufgaben aufgeführt, die als nächstes dran sind und ausformuliert sind.[19] Sobald die eigene Board-Strukturierung steht und entschieden wurde, ob man physisches Whiteboard mit Haftnotizen verwendet, oder auch eine digitale Lösung zu nutzen, kann durch eine Farbnutzung die Prioritätsstufe festgelegt werden.[20]

Vor- und Nachteile von Kanban

Im Folgenden soll einmal Kanban im Allgemeinen und auch als Personal betrachtet werden.

Ein Nachteil der Kanban Methode für Produktionsstätten ist der große Aufwand der Implementierung des Systems, sowie die Bestimmung der Parameter. Hinzu kommen die laufenden Kosten, zur Schaffung der Voraussetzungen, sowie Kapazitätsauslastungsprobleme. Darüber hinaus ist ein solches Kontrollsystem, wie das Kanban anfällig für größere Störungen. Beim Personal Kanban lassen sich ähnliche Nachteile feststellen.[21] Wird auf die Erstellung eines Kanban-System für ein Selbstmanagement zu viel Zeit genutzt, fehlt diese, für die eigentlichen Aufgaben.

---

[19] https://projekte-leicht-gemacht.de/blog/pm-in-der-praxis/beispiele-personal-kanban-boards/
[20] https://kanbanzone.com/resources/kanban/personal-kanban/
[21] Vgl. Lackes (2009), S. 2784

Hinzu kommt, dass beim Personal Management es passieren kann, dass zu viel Zeit mit dem Managen der eigenen Zeit drauf geht.

Ist einmal der Aufwand vorgenommen worden Kanban einzuführen ergeben sich in Produktionsstätten Vorteile, wie die Reduzierung der Lagerbestände, Verkürzung der Durchlaufzeit und eine Selbststeuerung des Materialflusses.[22]

Beim Personal Kanban ergibt eine klare Übersicht der anstehenden Aufgaben und deren Fortschritte. Zudem kann eine bessere Priorisierung stattfinden und durch das visualisierte Festhalten der Prozesse keine kontinuierliche Verbesserung erreicht werden.[23]

Fazit

Die Vorteile für Produktionsstätten sind, wenn einmal Eingeführt, beweisen, den Nutzen von Kanban.[24] Durch Beachtung eigener Interessen und Größen, kann ein Kanban-System angepasst auch anderen Teams, außerhalb einer Produktion, helfen, die eigenen Ziele schneller und besser zu erreichen. Es verschafft Transparenz in Prozesse und durch die Flexibilität verschafft es den Mitarbeiter mehr Gestaltungsmöglichkeiten der eigenen Arbeitszeit

Beim Selbstmanagement kann es dauern, sich an Personal Kanban zu gewöhnen. Wenn das eigene System darauf eingestellt ist, können Vorteile, wie der vorausschauenden Planung und Arbeitsvisualisierung genutzt werden, um in einen besseren Zustand des Selbstmanagement zu gelangen. Weitere Vorteile können durch digitale Kanban Angebote war genommen werden, wie sich benachrichtigten lassen, wenn man sich einen festen

---

[22] Vgl. Karrer (2006), S228.
[23] https://www.braintime.de/methoden/ueberblick-kanban-beratung/kanban-grundlagen-kompakt/
[24] Vgl. Tode/Chami (2009) S. 19

Zeitfenster für bestimmte Aufgaben gegeben hat. Das Kanban-Board kann dabei so individuell und komplex gestaltet werden, wie jeder es will. Dabei ist nur zu achten, dass auch hier ein iterativer Prozess genutzt werden sollte, um seine eigene Kanban-Methode laufend zu verbessern. Dieses Essay soll gezeigt haben, dass Kanban nicht nur eine Methode für Geschäftsprozesse ist. Personal Kaban kann dazu genutzte werden, das eigene Leben besser zu organisieren. Egal ob es um anstehende Aufgaben geht, oder das Vorausplanen von Aufgaben. Es hilft den Überblick zu behalten und Arbeiten besser zu priorisieren.[25]

---

[25] https://kanbanzone.com/resources/kanban/personal-kanban/

Literaturverzeichnis

Internetquellen:

Braintime:

https://www.braintime.de/methoden/ueberblick-kanban-beratung/kanban-grundlagen-kompakt/

Zugriff am: 14.11.2020

Kanbanzone:

https://kanbanzone.com/resources/kanban/personal-kanban/

Zugriff am: 14.11.2020

Projekt leicht gemacht:

https://projekte-leicht-gemacht.de/blog/pm-in-der-praxis/beispiele-personal-kanban-boards/
Zugriff am: 14.11.2020

Buchquellen:

Benson, Jim / **Barry**, Tonianne DeMaria (2012): Personal Kanban: Visualisierung und Planung von Aufgaben, Projekten und Terminen mit dem Kanban-Board, 1.Auflage

Dickmann, Eva / **Dickmann** Philipp (2009): Kanban – Elemente des Toyota Produktionssystems, in: Schlanker Materialfluss, hrsg. V. Dickmann, P., Heidelberg

Hering, Ekbert / **Kummer**, Rolf (2003): Kanban: Optimale Steuerung von Prozessen, 2. Auflage, München

Jung, Hans (2006): Allgemeine Betriebswirtschaftslehre, München

Karrer, Michael (2006): Supply chain performance management, Wiesbaden

Lackes, Richard (2006): Kanban, in: Handelsblatt Wirtschaftslexikon, S. 2775-2785, Stuttgart

Tode, Nicole / **Chami**, Sohaila (2009); Personal und Organisationsentwicklung Kanban, Fachbereich 3 Wirtschaft und Recht.

BEI GRIN MACHT SICH IHR
WISSEN BEZAHLT

- Wir veröffentlichen Ihre Hausarbeit,
  Bachelor- und Masterarbeit

- Ihr eigenes eBook und Buch -
  weltweit in allen wichtigen Shops

- Verdienen Sie an jedem Verkauf

Jetzt bei www.GRIN.com hochladen
und kostenlos publizieren